Komm mit, wir entdecken den Winter

Bianka Minte-König / Hans-Günther Döring

Eiszauber am See

Julia und Lucas stehen staunend am See, der von einer dünnen Eisschicht bedeckt ist. Der erste starke Nachtfrost hat die Oberfläche zufrieren lassen. Nur in der Mitte ist noch ein Wasserloch. Hier schwimmen überwinternde Enten und Schwäne, um die Stelle eisfrei zu halten. Die feinen Tröpfchen des Nebels sind in der Kälte zu einer Reifschicht erstarrt. Sie überzieht wie Puderzucker Bäume, Sträucher und Schilf. Im Sonnenlicht glitzert sie verheißungsvoll. Wie ein kleines Iglu sieht der Bau der Bisamratte aus. Julia und Lucas wandern durch diese Winterwunderwelt. Sie lachen über die kleinen weißen Atemwölkchen vor ihrem Mund.

Mit einem Stein testet Lucas, wie fest das Eis schon ist. Ein leises Knacken, ein Plumps, schon ist der Stein versunken. „Nur gut, dass du das nicht warst", sagt Julia lachend und zieht ihren Bruder von der gefährlichen Wasserkante weg.

Ruhepause im Garten

Der Garten legt im Winter eine Ruhepause ein. Die empfindlichen Pflanzen sind abgedeckt. Sie haben es unter Stroh, Tannenzweigen und Rindenmulch schön warm. Viele Singvögel sind fortgeflogen, um in wärmeren Gegenden zu überwintern. Die Amseln machen sich über die letzten Äpfel her, die noch an den entlaubten Bäumen hängen. Auch die Kerne von Sonnenblumen sind eine wichtige Nahrung für die zurückgebliebenen Vögel. Nach dem ersten Frost stellen Julia und Lucas mit Opa ein Vogelhäuschen auf.

Sie staunen, wie viele ihrer
gefiederten Freunde noch da sind. Meisen, Amseln,
Kleiber, Grünfinken, Dompfaffen und Spatzen
freuen sich über die Bereicherung ihres Speiseplans.
Oma erntet nun den ersten Grünkohl und lädt
alle Freunde zu einem deftigen Eintopfessen ein.
Lucas mag die Wurst darin am liebsten.

Eine harte Zeit
für die Tiere im Wald

Für das Rotwild, Wildschweine, Hasen, Wildkaninchen und andere Waldtiere ist der Winter eine entbehrungsreiche Zeit. Vor Hunger knabbern sie an Rinde und Zweigen von Bäumen und Büschen. Im harten Boden fällt den Wildschweinen das Scharren nach Wurzeln schwer. Manches geschwächte Kaninchen wird nun leichte Beute für den Fuchs, den Räuber des Waldes. Schneehasen, Hermeline und Alpenschneehühner schlüpfen zur Tarnung in ein weißes Winterkleid. Hält der Frost lange an und kommt noch Schnee hinzu, hilft der Förster mit einer Zusatzfütterung aus Heu, Eicheln und Kastanien. Vom Hochsitz aus beobachten Lucas und Julia das äsende Rotwild.

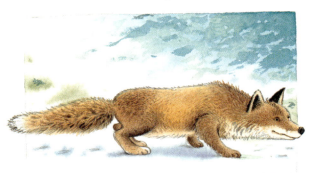

Dem Fichtenkreuzschnabel machen Schnee und Kälte nichts aus. Er findet genügend Nahrung in den Fichtenzapfen, die er geschickt aufknackt.

Der erste Schnee
in der Stadt

„Es schneit, es schneit!", jauchzen Lucas und Julia beim ersten Schnee. Die ganze Nacht über ist er vom Himmel gefallen und hat Straßen und Plätze zugedeckt. Warm angezogen stapfen die Kinder am Morgen zur Schule. Sie freuen sich auf eine zünftige Schneeballschlacht. Die Autofahrer sind nicht ganz so fröhlich. Sie müssen ihre Autos vom Schnee befreien und das Eis von den Scheiben kratzen. In der dunklen Jahreszeit müssen die Autofahrer besonders vorsichtig fahren. Die Kinder tragen helle Kleidung und Blinkis, damit sie besser gesehen werden. Leider hält die weiße Pracht oft nicht lange an. Dann machen Schneematsch und Eisglätte Gehsteige und Straßen zu gefährlichen Rutschbahnen.

Viele Krähen sind aus dem noch kälteren Osten zu uns gekommen und hocken in den kahlen Bäumen. Ohne Blumenschmuck und das grüne Laub der Bäume sieht die Stadt grau und traurig aus. Aber in der Adventszeit zaubern Tannengrün und Lichterketten Glanz zwischen die Häuserzeilen und vertreiben die trübe Stimmung.

Winter

auf dem Bauernhof

Auf dem Bauernhof verbringen die Tiere den Winter im warmen Stall. Nun fressen sie Heu, Rüben und Futtermais, die im Sommer und Herbst geerntet wurden. Die Tage sind kurz und kalt. Fällt der Winter milde aus, bringt er ungemütliche Regen- und Graupelschauer. Da sitzen selbst die Katze und der Hofhund lieber in der warmen Stube. Wenn Julia und Lucas zu Besuch kommen, gehen sie gerne zu den Schweinen in den Stall. Zwar riecht es ein bisschen streng, aber die Schweine fressen freundlich schmatzend die Futterrüben, die Julia und Lucas ihnen geben. Die Hühner plustern ihr Gefieder auf. Das ist ein guter Schutz gegen die Kälte. Julia macht es Spaß, sie auf dem Hof mit Getreidekörnern zu füttern.

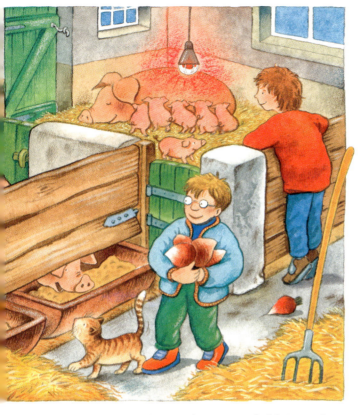

Oben im Heuboden wohnt eine Schleiereule. Viele Eulen ziehen im Winter nicht fort. Sie gehen nachts auf Mäusejagd. Am Ackerrand neben der Landstraße hockt ein Bussard und lauert auf Beute. Überwinternde Möwen suchen in großen Schwärmen auf den Äckern nach letzten Getreidekörnern.

Spaß und Spiel
in Eis und Schnee

Julia und Lucas toben im Schnee. Stiefel, Handschuhe und Mützen halten sie mollig warm. Sie bauen im Garten einen dicken Schneemann. Am Rodelberg treffen sie sich mit ihren Freunden zu einer fröhlichen Schlittenfahrt. Die Eisschicht auf dem See ist nun so dick, dass sie die Schlittschuhläufer trägt. Julia zieht wie eine Eiskunstläuferin ihre Achten. Lucas jagt mit seinen Freunden beim Eishockey dem Puck hinterher. Den Erwachsenen macht das Eisstockschießen viel Spaß. Enten und Schwäne sind an die fließenden Gewässer umgezogen, die noch eisfrei sind. Dort finden sie auch jetzt noch Nahrung.

In den Skigebieten werden Pisten und Loipen für die Skiläufer vorbereitet. Am Wochenende gibt es einen großen Ansturm auf Gondeln und Lifte. Nach einem zünftigen Langlauf wärmen sich Lucas und Julia mit Kinderpunsch auf.

Winterschläfer

Lucas und Julia haben es auch im Winter in ihrem Zimmer mollig warm. Mama versorgt sie mit Leckereien. Tiere und Pflanzen aber müssen sich der winterlichen Witterung anpassen. Bäume und Sträucher stellen Nahrungsaufnahme und Wachstum ein. Tiere ziehen sich in geschützte Höhlen und Unterschlüpfe zurück. Winterschläfer wie Hamster, Igel, Siebenschläfer und Haselmäuse schlafen, bis der warme Frühling kommt. Schlangen und Eidechsen verkriechen sich in frostgeschützte Verstecke im Gehölz oder unter Geröllhaufen. Die Kröte gräbt sich tief in die Erde ein. Andere Tiere halten nur eine Winterruhe. An wärmeren Tagen wacht beispielsweise das Eichhörnchen auf und buddelt nach den im Herbst versteckten Eicheln und Nüssen.

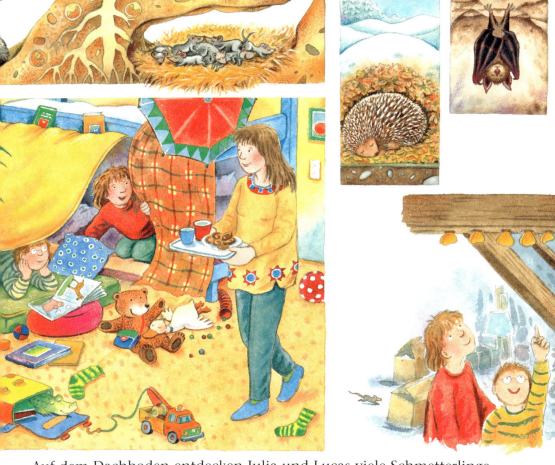

Auf dem Dachboden entdecken Julia und Lucas viele Schmetterlinge. Sie sitzen in Winterstarre im Gebälk. Ein Mäuschen huscht vorbei. Auch die Feldmäuse schlafen nicht. Unter dem Schnee graben sie lange Gänge. Aber Vorsicht! Eulen, Raubvögel und Füchse lauern!

Feste feiern

in der kalten Jahreszeit

Im Winter feiern die Menschen von alters her besonders gerne. Auf dem Marktplatz wird ein großer Tannenbaum aufgestellt. Girlanden aus Fichtenzweigen und Lichterketten schmücken die Geschäfte und Verkaufsstände auf dem Weihnachtsmarkt. Jetzt ist das Weihnachtsfest nicht mehr weit. Für Julia und Lucas ist es das schönste Fest im Jahr. „Es ist so feierlich", findet Julia. „Und Mama backt leckere Kekse", sagt Lucas. An Silvester beeindruckt die Kinder das große Feuerwerk. Schläfrig bestaunen sie den bunten Raketenzauber. Am Dreikönigstag ziehen sie verkleidet mit anderen Sternsingern von Haus zu Haus.

Das letzte große Fest im Winter ist Karneval oder Fasching. Lustig verkleidet und geschminkt sehen Julia und Lucas beim Karnevalsumzug zu. Von den bunten Wagen fliegen Bonbons zu den Schaulustigen hinunter. Lachend stopfen die Kinder sich die Taschen und Münder voll. So macht der Winter ihnen Spaß!

Spurendetektive

Ein neues Kleid zur Winterszeit: Sommer- und Winterkleid von Hermelin, Schneehase und Schneehuhn.

Zapfen – eine reiche Nahrungsquelle für Vögel und Kleintiere. Sammle sie beim Waldspaziergang. Weißt du, von welchem Baum sie stammen?

Kiefernzapfen

Lärchenzapfen

Fichtenzapfen

Tannenzapfen

Pinienzapfen

Wer hat denn hier geknabbert?

Eichhörnchen

Fichtenkreuzschnabel

Winterboten – Wintergäste

Raben und Krähen – Begleiter von Hexen und Zauberern. Im Winter kommen sie aus dem Osten zu uns und du kannst sie gut beobachten. Kennst du die Krähen und Rabenvögel?

Auch Elster, Tannenhäher und Eichelhäher sind Krähenvögel.
Hättest du das gedacht?

Tannenhäher

Eichelhäher

Bastelvorschlag:
Ein Hexenrabe
fürs Schattenspiel
aus Pappe mit
beweglichen Flügeln.

Hochbetrieb am Vogelhaus

Im Winter siehst du viele Vögel am Futterhaus.
Diese gehören zur großen Meisenfamilie.
Weißt du, wie sie heißen?

Kohlmeise

Haubenmeise

Schwanzmeise

Sumpfmeise

Blaumeise

Tannenmeise

Das mögen Meisen gerne:

Meisenknödel

Meisenring

Futterglocke

Es grünt nicht nur
zur Sommerzeit

Immergrüne Pflanzen bleiben auch im Winter grün und bringen so Farbe in die kahle Landschaft.

Rhododendron

Efeu

Mistel

Ilex